नवम्बर की धूप

आधुनिक ऑस्ट्रियाई कविताएँ

नवम्बर की धूप

आधुनिक ऑस्ट्रियाई कविताएँ

सम्पादन एवं अनुवाद
नमिता खरे
संजीव कौशल

वाणी प्रकाशन

वाणी प्रकाशन ग्रुप
Austrian Embassy New Delhi
austrian cultural forum

इस पुस्तक का प्रकाशन ऑस्ट्रियन एम्बेसी, नयी दिल्ली के ऑस्ट्रियन कल्चरल फोरम के सहयोग से सम्पन्न हो रहा है।

This book is published by the support from the Austrian Cultural Forum of the Austrian Embassy, New Delhi.

वाणी प्रकाशन ग्रुप
मुख्य कार्यालय

4695, 21-ए, दरियागंज, नयी दिल्ली 110 002

फ़ोन : +91 11 23273167 फ़ैक्स : +91 11 23275710

शाखाएँ

अशोक राजपथ, पटना 800 004, बिहार

कॉफ़ी हाउस कैम्पस, महात्मा गांधी मार्ग, इलाहाबाद 211 001, उत्तर प्रदेश

महात्मा गांधी अन्तरराष्ट्रीय हिन्दी विश्वविद्यालय, वर्धा 442 001, महाराष्ट्र

सुल्तानिया रोड, मोतिया पार्क, भोपाल 462 001, मध्य प्रदेश

www.vaniprakashan.com/marketing@vaniprakashan.in
sales@vaniprakashan.in

NOVEMBER KI DHOOP
Aadhunik Austriai Kavitayen
Edited & Translated by Namita Khare, Sanjeev Kaushal

ISBN: 978-93-90678-32-7
Poetry Collection

कवर डिज़ाइन : udesignbyujjal (ujjalmaitra.myportfolio.com)

मूल्य : ₹ 299

आर. टेक ऑफ़सेट प्रिंटर्स, दिल्ली-110032 में मुद्रित

वाणी प्रकाशन का लोगो मक़बूल फ़िदा हुसेन की कूची से

आभार

इस संकलन की योजना व वित्तीय सहायता के लिए हम ऑस्ट्रियाई दूतावास और ऑस्ट्रियन कल्चरल फोरम के आभारी हैं। वॉल्फगाँग ग्योर्टशाखर ने न सिर्फ़ इस संकलन को तैयार करने में मदद की बल्कि इसके लिए कविताएँ भी साझा कीं।

हम अनिल भट्टी के बेहद आभारी हैं कि उन्होंने हमेशा की तरह प्रोत्साहित किया और हमारे अनुवाद को पढ़ा, उसे सुधारा और हमें ऑस्ट्रियाई साहित्य की पृष्ठभूमि से परिचित कराया।

आल्मूट डेगेनर ने हर क़दम पर हर तरह से हमारी मदद की है। उन्होंने कविताओं के अनुवाद को पढ़ा और उन्हें पुख़्ता किया। उन्होंने हताशा के क्षणों में हमें सम्बल दिया।

यान–हेल्गे वाइडेमान ने कुछ कविताओं को समझने में और सुमीता वढेरा ने ऑस्ट्रियाई जर्मन भाषा के कुछ ख़ास शब्दों के मायने को समझने में हमारी मदद की, उनका भी धन्यवाद।

हम उन सभी लेखकों व प्रकाशकों के बेहद आभारी हैं जिन्होंने बग़ैर किसी पारितोषिक के अपने पाठों को छापने की अनुमति दी।

प्रस्तावना

कविता मानव इतिहास की सबसे पुरानी और जटिल विधाओं में एक है। इन्सान जब भी समस्याओं से घिरता है वह उनका हल खोजना चाहता है। ज़्यादातर तो वह उस समस्या को ही उसके सही परिप्रेक्ष्य में समझने की कोशिश करता है। यही कोशिश कविता को जन्म देती है। मनुष्य के सारे संघर्ष, झुँझलाहट, प्रेम, नफ़रत, हताशा, विरोध, विद्रोह, पराजय कविताओं में इकट्ठा होते चले जाते हैं। और इस रूप में कविताएँ मनुष्य की मनुष्यता के सबसे सटीक और गहरे दस्तावेज़ों के रूप में हमारे सामने आती हैं।

कविताओं का अनुवाद हमेशा एक जटिल प्रक्रिया है। पहले तो कवि की भाषा को पकड़ना मुश्किल फिर उसे उसकी समग्रता में दूसरी भाषा में बुनना और भी मुश्किल। यह मुश्किल तब और बढ़ जाती है अगर कविता विदेशी ज़मीन से उपजी हो जहाँ की हवा, पानी, मिट्टी, बोलचाल, पहनावा, खान–पान सब अलग हो। क्योंकि भाषा कोई सीधे–सीधे अर्थों में, जो शब्दकोशों में मिल जाते हैं, नहीं होती। भाषा आम जीवन में उसकी सारी जटिलताओं में होती है। और एक जगह की जटिलताएँ दूसरी जगहों से अलग होती हैं। इसलिए शब्दों के सही अर्थों को समझ पाना और दूसरी भाषा में उनके समानार्थी शब्दों की खोज कर पाना बेहद चुनौती भरा काम है। यह चुनौती हमने स्वीकार की, यह जानते हुए इसकी राह कितनी मुश्किल है।

दरअसल, शब्दों के अर्थ शब्दों से ज़्यादा उनके साथ इस्तेमाल हुए दूसरे शब्दों पर निर्भर होते हैं। हर इस्तेमाल के साथ शब्द नये मायने पा लेता है। अनुवाद में यह काम बहुत विस्तृत और गहराई से होता है। अनुवाद करने का एक बड़ा प्रयोजन यह भी है कि किस तरह अपनी मातृभाषा की ग्राहता को बढ़ाया जाये, उसे नये मायने सौंपे जायें जो अब तक थे ही नहीं। उसे समृद्ध किया जाये। न सिर्फ़ भाषा के स्तर पर बल्कि भावात्मक और ज्ञानात्मक स्तरों पर भी। इस काम को अनुवाद बहुत ख़ूबसूरती से करता है।

हमारी लगातार यह कोशिश रही है कि हिन्दी भाषी पाठकों तक उन कविताओं को पहुँचाया जाये जो अभी तक उनकी पहुँच से दूर रही हैं। इस सिलसिले में हमने पहले भी जर्मन भाषा की तमाम बेहतरीन कविताओं का अनुवाद किया है जिनका संग्रह 'ख़्वाहिश है नामुम्किन' के नाम से 2019 में आया था। प्रस्तुत संग्रह उसी काम को आगे बढ़ाता है।

इस संग्रह में हमारी यह कोशिश है कि ऑस्ट्रियाई ज़मीन पर उपजे उन तमाम कविता रूपों से पाठकों को रूबरू किया जाये जो मनुष्यता के सतत संघर्ष को हमारे सामने रखते हैं। कुछ कविताएँ बहुत लम्बी हैं कुछ बहुत छोटी। छोटी कविताओं में जहाँ भाव कील की तरह नुकीला और सख्त लगता है वहीं लम्बी कविताएँ इन्सानी संघर्ष की कहानियाँ परत–दर–परत जमाती चलती हैं। यहाँ जीवन का फैलाव साफ़ दिखाई देता है। इंगबॉर्ग बाखमान की एक कविता है 'रोज़'। इस कविता की पहली पंक्ति है *अब जंग का ऐलान नहीं होता वह जारी रखी जाती है।* यह सच्चाई आज पूरी दुनिया की सच्चाई है। दुनिया के हर हिस्से में सरकारें अपने ही लोगों के ख़िलाफ़ जंग छेड़े हुए हैं। ज़ेनी एबनेर की एक कविता है 'एक औरत की ज़िन्दगी', यह कविता अपेक्षाकृत लम्बी है, इसमें जिस ख़ूबसूरती से एक आम औरत के संघर्षों का चित्रण किया गया है वह अविस्मरणीय है।

फ्रानत्सोबेल की कविता 'ऑस्ट्रिया सुन्दर है' अविश्वसनीय रूप से सुन्दर कविता है। कवि किस तरह सत्ता को चुनौती देता है, इस कविता में देखा जा सकता है। इस कविता को किसी भी देश के सन्दर्भ में पढ़ा जा सकता है और इसे जितनी बार पढ़ा जाये यह उतना ही भीतर उतरती जाती है और हमारी स्मृति का हिस्सा बन जाती है। *एरिष फ्रीड* की कविता 'मेरे पिता का अन्तिम संस्कार' में एक वाक्य है *धरती में थप्प से गिर गये हैं मेरे पिता* और हमें लगता है जैसे यह हमारे साथ हुआ है। यह विचलित कर देने वाले चित्रों से भरी हुई है। इनकी कविता 'निशाने पर लगे खिलौने' आपके दिलों को हिला कर रख देगी, बच्चों और खिलौनों के बिम्बों से विश्व की सबसे भयंकर त्रासदी को निचोड़ कर रख दिया है। लीज़्ल उयवारी की कविता *'द्वन्द्वात्मक चीज़ें'* दुनिया की बेहतरीन कविताओं में गिनी जा सकती है। यह कविता बड़े आहिस्ते हमारे भ्रमों को तोड़ देती है।

हमारी कोशिश रही है कि कविताओं के साथ पूरा न्याय हो फिर भी कमियाँ रह जाती हैं। उम्मीद है कि कविताएँ आपको पसन्द आयेंगी।

-संजीव कौशल, नमिता खरे

अनुक्रम

रोज़े आउसलेंडर *का जन्म सन् 1901 में एक यहूदी परिवार में हुआ था। इन्होंने अपने जीवन के कुछ वर्ष अमेरिका में बिताये और वहाँ अपनी प्रारम्भिक कविताएँ प्रकाशित कीं। 1941–1944 के बीच का अत्यन्त कठिन समय इन्हें चेरनिवत्सी (यूक्रेन) की एक घेटो (यहूदी बस्ती) में बिताना पड़ा जो इनकी कविताओं में भी अभिव्यक्त होता है। इन्हें साहित्य के कई महत्त्वपूर्ण पुरस्कारों से नवाज़ा गया है। सन् 1988 में इनकी मृत्यु हो गयी।*

ताकि कोई रोशनी हमें न चाहे

वे पैने झण्डे और पिस्तौलें
लेकर आये
उन्होंने सारे तारे और चाँद भेद दिये
ताकि हमारे लिए कोई रोशनी न बचे
ताकि कोई रोशनी हमें न चाहे

तब हमने सूरज को दफ़ना दिया
अनन्त था वह सूर्यग्रहण

अभी तुम हो

हवा में
उछाल दो अपना डर

जल्द ही
ख़त्म हो जायेगा तुम्हारा समय
जल्द ही
उग जायेगा आसमाँ
घास के नीचे
शून्य में
गिर जायेंगे तुम्हारे सपने

अभी
गुलनार में सुगन्ध है
सारिका गा रही है
अभी तुम्हें प्यार की इजाज़त है

शब्दों को बिखेर दो
अभी तुम हो

जो भी हो रहो
जो भी है दे दो

यहूदी बस्ती में

भगवान ने त्याग दिया है अपना पद

विजय पताकाओं का नया खेल :
पलायन को दो हिस्सों में
तोड़ रहा है हथौड़ा

समय को भूसे में
बदल रही है दराँती

इंगबॉर्ग बाखमान *का जन्म सन् 1926 में हुआ। इन्होंने विभिन्न विधाओं में लिखा है मगर इन्हें ख़ासतौर से इनकी कविताओं के लिए जाना जाता है। इनका नाम विश्व की सबसे महत्त्वपूर्ण कवयित्रियों में शामिल है। इनकी मृत्यु सन् 1973 में हो गयी। जर्मन–भाषी साहित्य का एक अत्यन्त प्रतिष्ठित पुरस्कार इनके नाम पर दिया जाता है। हिन्दी अनुवाद में इनकी निम्नलिखित कृतियाँ उपलब्ध हैं–*

- *सपनों का सौदा : एक अजनबी से मुलाक़ात, जर्मन–भाषी स्त्री–लेखन (1945–2014), सम्पर्क, 2017*
- *भव्य भाड़ा : ख़्वाहिश है नामुम्किन की, मार्सेल राइष–रानित्सकी द्वारा चयनित जर्मन कविताएँ, फोनीम पब्लिशर्स एंड डिस्ट्रीब्यूटर्स प्रा. लि., 2019*
- *स्थगित समय : ख़्वाहिश है नामुम्किन की, मार्सेल राइष–रानित्सकी द्वारा चयनित जर्मन कविताएँ, फोनीम पब्लिशर्स एंड डिस्ट्रीब्यूटर्स प्रा. लि., 2019*
- *सूरज को : ख़्वाहिश है नामुम्किन की, मार्सेल राइष–रानित्सकी द्वारा चयनित जर्मन कविताएँ, फोनीम पब्लिशर्स एंड डिस्ट्रीब्यूटर्स प्रा. लि., 2019*
- *आग है धरती के नीचे : ख़्वाहिश है नामुम्किन की, मार्सेल राइष–रानित्सकी द्वारा चयनित जर्मन कविताएँ, फोनीम पब्लिशर्स एंड डिस्ट्रीब्यूटर्स प्रा. लि., 2019*
- *पर मैं अकेली पड़ी हूँ : ख़्वाहिश है नामुम्किन की, मार्सेल राइष–रानित्सकी द्वारा चयनित जर्मन कविताएँ, फोनीम पब्लिशर्स एंड डिस्ट्रीब्यूटर्स प्रा. लि., 2019*

रोज़

अब जंग का ऐलान नहीं होता,
वह जारी रखी जाती है। जो कभी नहीं सुना
अब रोज़ की बात है। बहादुर
लड़ाइयों से दूर है। कमज़ोर
वहाँ है जहाँ गोलियाँ चल रही हैं।
सब्र आज की वर्दी है,
पदक है, उम्मीद का मामूली तारा
दिल के ठीक ऊपर।
इससे सम्मानित किया जाता है
जब कुछ और नहीं घटता,
जब ख़ामोश हो जाती है गोलाबारी,
जब अदृश्य हो जाता है दुश्मन,
और कभी न ख़त्म होने वाले हथियार
आसमाँ को ढँक लेते हैं।
इससे सम्मानित किया जाता है
जंग से भागने के लिए
दोस्त के सामने दिलेरी के लिए,
नीचता से भरे राज़ खोलने
और हरेक हुक्म की
ना फ़रमानी करने के लिए।

खेल ख़त्म हुआ

मेरे प्यारे भाई, हम कब बनायेंगे एक बेड़ा
और चलेंगे आसमान में?
मेरे प्यारे भाई, जल्द ही बहुत भारी हो जायेगा वह भाड़ा
और हम डूब जायेंगे।

मेरे प्यारे भाई, हम काग़ज़ पर उकेरेंगे
तमाम देश और राहें।
इन काली लकीरों के आगे चौकन्ने रहो
बारूद के साथ तुम हवा में उड़ जाओगे।

मेरे प्यारे भाई, फिर मैं चाहूँगी खूँटे से बँधना
और चीख़ना।
मगर तुम निकल रहे होगे मौत की घाटी से
और हम दोनों साथ भाग जायेंगे।

चौकन्ने बंजारों के खेमों में, चौकन्ने रेगिस्तानी तम्बुओं में,
हमारे बालों से बह रही है रेत,
तुम्हारी और मेरी और इस दुनिया की उम्र
नहीं मापी जाती वर्षों में।

तुम ख़ुद को मत आने देना कपटी कौवे, मकड़ी के लिसलिसे हाथों में
और झाड़ी में पंख के छलावे में।
दूध और शहद के देश में भी कुछ मत खाना–पीना,
पतीलों और प्यालों से उठता है फ़रेब का झाग।

सिर्फ़ वही जीत पायेगा
जिसे याद रहेगा सुनहरे पुल पर लालमणि–परी को बताने वाला शब्द
मुझे अफ़सोस है, वह पिघल गया है
आख़िरी बर्फ़ के साथ–साथ बगीचे में।

बहुत ज़ख़्मी हैं हमारे पाँव, ढेरों पत्थरों से।
एक पाँव ठीक है। उसी से हम कूदेंगे,
जब तक बच्चों का राजा अपने राज्य की चाबी मुँह में लिए
हमें नहीं ले जाता, हम गायेंगे :

कितना सुन्दर होता है समय जब खजूर की गुठली से फूटता है अंकुर!
हरेक जो गिरता है, उसके पंख होते हैं।
ज़हरीले लाल फूलों से सजा है ग़रीबों के कफ़न का छोर,
और तुम्हारा दिलनुमा सफ़ेद फूल मेरी मोहर पर झुक जाता है

अब हमें सो जाना चाहिए, मेरे प्यारे, खेल ख़त्म हुआ।
दबे पाँव चलो। सफ़ेद क़मीज़ें फड़फड़ा रही हैं
पिता और माँ कहते हैं, इस घर में भूत हैं,
जब हम साँसें बदलते हैं।

रिकहार्ड बिलिंगर *का जन्म सन् 1890 में हुआ। इन्होंने विभिन्न विधाओं में लिखा है मगर अपने नाटकों से इन्होंने दर्शकों में ख़ास उपलब्धि प्राप्त की है। इन्हें साहित्य के कई महत्त्वपूर्ण पुरस्कारों से नवाज़ा गया है। सन् 1965 में इनकी मृत्यु हो गयी।*

बेचारी आत्माएँ

तुम्हें वे मिल नहीं रहीं? तुम्हें वे दिख नहीं रहीं?
खिड़की में चमक रहे हैं उनके चेहरे।
टहनियों से गिर रहे हैं उनके मुरझाये पत्ते।
राहों पर पड़ी है उनकी धूल।
आओ परमपिता की प्रार्थना करें!

तुमने चारों ओर देखा? एक परछाईं भाग गयी है?
नन्ही सी बिल्ली दरवाज़े से खिसक गयी है।
चूल्हे पर गुनगुना रहा है पानी।
अमीर शेख़ीखोर को भगवान ने दण्डित किया।
आओ परमपिता की प्रार्थना करें!

सर्द हवा में एक कुत्ता कहीं भौंक रहा है।
बीवी और बच्चे को कमरे में बुला लो।
आसमान में चमक रहा है एक जगमग तारा।
उसे देख पातीं तो ख़ुश हो जातीं वे बेचारी आत्माएँ।
आओ परमपिता की प्रार्थना करें!

उस महिमामय तारे के ऊपर
बसते हैं अतिपवित्र त्रिदेव
जिनकी कामनाएँ करती हैं बेचारी आत्माएँ
हज़ारों आँसुओं से तर होकर।
आओ परमपिता की प्रार्थना करें!

ईरिस ब्लाउएनश्टाइनर *का जन्म सन् 1986 में हुआ है। इन्हें लेखन व फ़िल्म निर्माण के लिए विभिन्न पुरस्कारों से नवाज़ा गया है। इनका पहला उपन्यास 2016 में प्रकाशित हुआ है।*

मेरी दादी के हाथ

खड़खड़ाती कागज़ी चमड़ी
खुरदुरी
खौलते आलू के पानी में हाथ डालती है
उभरते हैं बर्फ़ीले फफोले
सोते–सोते
वह हटा लेती है
बिस्तर से
क्रीम चुपड़े हाथ
कि तेल के निशान
चादर पर न लग जायें

कीड़े की नींद

फूलों से गिरता है एक कीड़ा
फ़र्श पर पहुँचता है
और भनभनाता है

हवा में
छटपटाती टाँगें
रुक–रुक कर धकेल रही हैं
अपना कवच

अगले दिन
वह पड़ा है दीवार से सटा हुआ
भीतर को मुड़ी हुई हैं उसकी टाँगें

अपनी दो उँगलियों के बीच
वह उसे उठाती है
और टॉयलेट में बहा देती है

वह हवा में
एक मक्खी
पकड़ती है

और उसे मसल देती है
अपनी उँगली की पोर
और हथेली के बीच

और उस मटमैले हलवे को
एक रुमाल से
पोंछ देती है
वह रेडियो
सुनती है

क्योंकि ख़ामोशी
नहीं सुनना चाहती

क्रिस्टीने बुस्टा *का जन्म सन् 1915 में हुआ था। इनके ग्यारह काव्य–संकलन प्रकाशित हुए हैं जिनमें दो बच्चों के लिए लिखे गये हैं। इन्हें विभिन्न नामचीन साहित्य पुरस्कारों से सम्मानित किया गया है। इनकी मृत्यु सन् 1987 में हो गयी।*

प्रेम कविताएँ

सबसे सुन्दर प्रेम कविताएँ
लिखी नहीं जातीं,
जी जाती हैं।

सब प्रेम कविताएँ
आख़िर हैं तो
ईश्वर के लिए।

दो अक्षर

दो अक्षर की होती है रात की भाषा।
वह कहती है तारा,
वह कहती है चाँद,
वह कहती है तुम!

पाउल सेलान, *पाउल आनचेल का छद्म नाम है। इनका जन्म सन् 1920 में एक यहूदी परिवार में हुआ था। द्वितीय विश्व युद्ध के दौरान इन्हें अट्ठारह महीने श्रम शिविर में गुज़ारने पड़े। इनकी कविता 'टोडेसफूगे' (मौत की धुन) होलोकॉस्ट पर लिखी कृतियों में बेहद अहम जगह रखती है। लेखन–कार्य के अलावा इन्होंने कुछ महत्त्वपूर्ण अंग्रेज़ी व फ्रांसीसी साहित्य का अनुवाद भी किया है। सन् 1970 में इनकी मृत्यु हो गयी। हिन्दी अनुवाद में इनकी निम्नलिखित कृतियाँ उपलब्ध हैं :*

- *मौत की धुन : ख़्वाहिश है नामुम्किन की, मार्सेल राइष–रानित्सकी द्वारा चयनित जर्मन कविताएँ, फोनीम पब्लिशर्स एंड डिस्ट्रीब्यूटर्स प्रा. लि., 2019*
- *सुराहियाँ : ख़्वाहिश है नामुम्किन की, मार्सेल राइष–रानित्सकी द्वारा चयनित जर्मन कविताएँ, फोनीम पब्लिशर्स एंड डिस्ट्रीब्यूटर्स प्रा. लि., 2019*

वह अपने बाल सँवारती है

वह अपने बाल ऐसे सँवारती है जैसे मुर्दों के सँवारे जाते हैं :
वह अपनी क़मीज़ के नीचे नीला खिपरा पहनती है।

एक डोरी पर पहनती है वह दुनिया का खिपरा।
वह जानती है वे शब्द, फिर भी मुस्कुरा भर देती है।

शराब के प्याले में वह घोल देती है अपनी मुस्कुराहट :
तुम्हें पीना होगा इसे, दुनिया में होने के लिए।

तुम हो वह तस्वीर, जो दिखायेगा उसे वह खिपरा,
जब वह ज़िन्दगी के ऊपर सोच में झुकी होगी।

कोरोना : सितारों का गुच्छा

मेरे हाथ से अपने पत्ते खा रहा है पतझड़ : हम दोस्त हैं।
हम छील निकालते हैं अखरोट से समय और सिखाते हैं
उसे चलना :
अपने छिलके में वापस लौट जाता है समय।

आईने में है इतवार।
सपने में सोते हैं,
सच बोलता है मुँह।

नीचे उतरती है मेरी नज़र महबूबा के निचले जिस्म पर :
हम एक–दूसरे को देखते हैं,
हम उलझी बातें करते हैं
हम एक–दूसरे को ऐसे प्यार करते हैं जैसे पोस्त और याद,
हम ऐसे सोते हैं जैसे सीपियों में शराब,
जैसे चाँद की ख़ूनी किरण में समुद्र।

हम खिड़की पर खड़े हैं एक–दूसरे के आगोश में, वे सड़कों से देखते हैं हमें :
वक़्त आ गया है, लोग जानें!
वक़्त आ गया है, खिलने को तैयार हो जाये पत्थर,
किसी दिल को धड़का दे बेचैनी।
वक़्त आ गया है, कि वक़्त आये।

वक़्त आ गया है।

आन कॉटेन *का जन्म सन् 1982 में अमेरिका में हुआ है। ये गद्य व पद्य, दोनों विधाओं में लिखती हैं और साथ ही साहित्य के अनुवाद में कार्यरत हैं। इनके लेखन में जर्मन व अपनी मातृभाषा अंग्रेज़ी का प्रभाव झलकता है।*

हवा का रुख उलटा

ओ हवा के रुख, बढ़ चल, मुझे ग़ायब
करने के लिए, मेरे लेखक होने को घटा दे।
मुझे अच्छा लगता है जब मेरे बालों में होती हैं तुम्हारी उँगलियाँ,
मुझे अच्छा लगता है जब मेरे गुर्दों के क़रीब सीटी बजाती है तुम्हारी जीभ।

अगर मैं साइकिल पर उलटा बैठ कर तर्क दे पाऊँ,
तो बेशक मेरी सोच को पहिये लग जायेंगे।
ख़ारिज नहीं किया जा सकता, कुछ हो भी सकता है,
मगर कुछ तय नहीं, क्योंकि मैं कुछ ज़्यादा ही सोचती हूँ।

वापस जाकर मैं एक बार देखना चाहती हूँ बस
कि कहाँ से आयी वह गति जो मुझे आगे
धकेलती है, अपनी उँगलियों से रिम पर धधकती है,
ऐयाशी की आग में लम्बे समय से मैं अन्धी हूँ
इस बीच धुँधला जाता है मैदानों में निराकार।
मैदान शायद खड़े होते तो अच्छे लगते। इतना ही है।

क्योंकि इस सब में मुझे सिर्फ़ सिद्धान्त से मतलब है,

अदृश्य, जो तामीरों से झिलमिलाता है,
मुझे अपने आकर्षण से खींचता है। मैं किसी
घोड़े की तरह हूँ, जिसकी लगाम पीछे लगी है, जिसे यह
परवाह नहीं,
किस पर सवार हैं उसके मालिक, क्योंकि उसे
बस इतना मालूम है, कि कुछ गड़बड़ है उसकी दिशा
और रफ़्तार भी साथ नहीं दे रही, ख़ालिस,
निराकार सोच के लिए ज़्यादा तैयार है बजाय कविता के।

यहाँ मुझे तुक ज़्यादा परेशान नहीं करती,
उसकी डोर एक अच्छे कवि के क़ब्ज़े में रहती है,
धक्का–मुक्की करते बिम्ब भी मुझे परेशान नहीं करते,
बस उन सबको एक ही काठी पर नहीं रख सकते।
मगर कविता में जो मुझे तकलीफ़ देता है,
वह है हवा के रुकने पर लम्बी पंक्ति में तर्क का चरमराना
सुनना।

जेनी एबनेर *का जन्म सन् 1918 में हुआ था। इन्होंने लंबे समय तक साहित्य की एक महत्त्वपूर्ण पत्रिका 'लिटेराटूर उंट क्रिटीक' का सम्पादन किया है। इन्हें ख़ासतौर पर साहित्यकारों की एक नयी पीढ़ी को तैयार करने में भरपूर योगदान के लिए जाना जाता है। सन् 2004 में इनकी मृत्यु हो गयी।*

एक औरत की ज़िन्दगी

उसी तरह के बेचैन हाव–भाव : इसी तरह फेरती थी उसकी
माँ अपने बालों पर हाथ।
उसके हाथों को विरासत में मिला है, जो उससे पहले था :
औरतें। लड़कियाँ। और औरतें। विरासत में मिला और
आगे बढ़ा दिया।
इस बेमतलब के दोहराव को पहले 'औरत की ज़िन्दगी'
कहते थे।

और अचानक यही करते रहने से वे थक गयीं,
उन्नीस बरस की उम्र, बड़ा सा ओवरकोट और स्पोर्टशूज़
टेस्ट–ट्यूब को उसने रोशनी की तरफ़ किया था।
परखती आँखें। भिंचे होंठ, चुम्बन के लिए तो कतई नहीं।
सिर्फ़ उसके हाथ : पर तब उसे यह मालूम नहीं था।
वह लिखती थी नम्बर, फॉर्मूले, जोड़ और घटाव।

(अपने किसानी हाथों से लिखती थी उसकी माँ हर शनिवार,
छोटी–छोटी पर्चियाँ,
उसके पति को बाज़ार से क्या लाना है,
तीन मीटर फीता। सूई। काढ़े के लिए तगर। एक छन्नी...)

जो उसके हाथों में बहुत पहले का बचा था,
वह उसके ख़िलाफ़ खड़ा हो गया और उसका मुँह अनमनेपन से बँध गया।
तभी कोई आ गया और उसने कहा : मुझसे प्यार करो!
शादी। नौ महीने बाद बच्चा। फिर दूध पिलाना।

बच्ची दिन भर क्रेच में रहती थी,
और उसकी माँ क्लास से सीधे डेरी पहुँच गयी।
शुक्र है वहाँ पद ख़ाली था।
फ्रांत्स अभी कुछ नहीं कमाता था। जल्द ही अहसास हुआ बच्चे पालना ख़र्चीला है,
फिर गर्भपात। और एक साल बाद दो हो गये।

वह जितनी भी बार तालिकाओं और फ्लास्क्स के सामने झुकती है,
उसकी पीठ में
वही पुराना सब्र होता है गर्मी की झुलस में आलू खोदने और मटर तोड़ने वाला। उसके बालों से महकता गेहूँ का खेत खड़ा हो जाता है
हालाँकि उसके बाल छोटे और सीधे हैं।
चाहे काम पर पहनने वाला कोट हो या अंजीर का पत्ता
क्या यह हव्वा की तिरस्कृत पीठ नहीं है?

बहुत समय तक फ्रांत्स बेरोज़गार था। तुम भूल जाती हो,
औरतों के काम की क़ीमत हमेशा कम रही है।
ऐसे में मर्दों को कौन काम देगा?
उदासीन है उसका चेहरा। और मुँह निढाल।
वह नहीं जानती, कुछ नहीं सोचती, कुछ जानना नहीं चाहती।

दस साल शहर की दूध फैक्ट्री की लैब में
सुरक्षित नौकरी। हमेशा एक सी। औरत की ज़िन्दगी।
मैं ख़ुशक़िस्मत हूँ। मगर ख़ुशक़िस्मत होना ही, क्या ख़ुशी है?

तीन बच्चे? दो मैंने गिरवा दिये,
मेरे पास और क्या चारा था?
(क्या वो पहले कविता नहीं लिखती थी?)

कोलम्बस ने खोज की...
यूलिसिस ने समुद्री यात्रा की...
ईसा मसीह ने जगाया
मुझे इससे क्या।
जो भी हुआ है, वह हमेशा मर्दों ने किया है।
भगवान का शुक्र है, छह बजने वाले हैं!

फ्रांत्स को भूख लगी होगी – खाने में आज क्या है?
जल्दी से सोचो : आटा, मक्खन, दिल के लिए
तगर का काढ़ा – आख़िर उम्र हो गयी है। तीन मीटर फीता
ओवरकोट की कोर के लिए,
मुझे फिर से लेनी के ओवरकोट की लम्बाई बढ़ानी होगी।
और एप्रन बनाने के लिए अगर सस्ता कपड़ा कहीं मिल
जाये...
दुकानें जल्द ही बन्द हो जायेंगी। कुछ भूल न जाऊँ बस!

खाना बनाना। स्कूल का काम करवाना। बच्चे की देखरेख।
ये लो : सुबह गर्म जुराबें पहन लेना,
मैंने इन्हें रफ़ू कर दिया है। वह बच्चों के कमरे की बत्ती
बुझा देती है।
उसके हाथों के हावभाव – मगर वह यह नहीं जानती
–वैसे हैं जैसे कभी उसकी माँ के थे। और उसका चेहरा–

साफ़ है कि वह गाँव से है।
वह अब खाने की मेज़ के सामने बैठी है,
और अख़बार अपने पति की ओर सरका देती है (वैसे भी सब झूठ है)। उसका बायाँ हाथ
(वही बेचैन हाव–भाव, विरासत में मिला है, जो उससे पहले था)
मशीन की तरह सँवार रहा है उसके छोटे बाल,
मानो अब भी बनी हों उसकी चोटियाँ और लगी हों चिमटियाँ।

हान्स आइषहॉर्न *का जन्म सन् 1956 में हुआ था। वे साहित्यकार के साथ–साथ चित्रकार और मछुआरे भी थे। इन्हें साहित्य के अनेक पुरस्कारों से सम्मानित किया गया है। सन् 2020 में इनकी मृत्यु हो गयी।*

नवम्बर की धूप

फलों के पेड़ों के बीच
एक–दो मुर्ग़े,
रह–रह कर हिलते सिर,
मद्धम रोशनी,
जो नम घास पर
दूधिया चमक रही है।

यहाँ क्या है
जिसे मिनटों इन्तज़ार करके
खींचकर निकालना है?
दूर पीछे
एक काली बिल्ली।

बालकनी के दरवाज़े के सामने
झिलमिलाता एक कीड़ा।
सड़क किनारे
सड़ते हुए पत्ते।

दिन का पहला पहर
फिसल रहा है
अपने
हिस्सों में।

यानको फेर्क *का जन्म सन् 1958 में हुआ है। वे लेखक के साथ–साथ न्यायाधीश व अनुवादक भी हैं। इन्होंने फ्रांत्स काफ्का पर गहन अध्ययन किया है। इन्हें साहित्य के अनेक पुरस्कारों से सम्मानित किया गया है।*

एक पत्थर

एक पत्थर को
मैं बताऊँगा
अपने अकेलेपन
के बारे में
वह
अपना दिल
दिखायेगा मुझे
और
कहेगा मुझको
अपना भाई
एक पत्थर
बनने को
वादा करेगा
मुझसे
काई का
और शाश्वत जीवन का

तुम्हारे मुँह में

तुम्हारे मुँह में
शब्द
मेरे में
मौत

तुम्हारी आँखों में
रोशनी
मेरी में
मौत

तुम्हारे शरीर में
ज़िन्दगी
मेरे में
मौत

तुम्हारे दिल में
प्यार
मेरे में
भय

फ्रानत्सोबेल, *श्टेफ़ान ग्रीब्ल का छद्म नाम है। इनका जन्म 1967 में हुआ। ये विभिन्न विधाओं में लिखते हैं। इन्हें साहित्य के कई महत्त्वपूर्ण पुरस्कारों से नवाज़ा गया है जिनमें इंगबॉर्ग बाखमान पुरस्कार व आरटूर श्नित्सलर पुरस्कार शामिल हैं।*

ऑस्ट्रिया सुन्दर है

ऑस्ट्रिया? क्या सुन्दर है। और सौ बार,
वाकई। ऑस्ट्रिया सुन्दर है, और
ऑस्ट्रिया काफ़ी सुन्दर है। सौ बार
ऑस्ट्रिया से मुझे मोहब्बत है। और ऑस्ट्रिया
बहुत सुन्दर है, हम सौ बार यह सीखते हैं
कि ऑस्ट्रिया बहुत सुन्दर है और यही
ऑस्ट्रिया की सुन्दरता है कि, ऑस्ट्रिया के स्कूली बच्चे
सौ बार सीख लेते हैं,
कितना सुन्दर और अब हर तरफ़ है यह
ऑस्ट्रिया, ताकि वे इसे फिर कभी न भूलें। कितना
सुन्दर है। और वाकई। वह सूरज। और
ताकि वे इसे फिर कभी न भूलें, कितना सुन्दर,
सुन्दर है ऑस्ट्रिया, सौ बार लिखना पड़ता है,
ऑस्ट्रिया के स्कूली बच्चों को सौ बार,
ऑस्ट्रिया सुन्दर है।
क्या सुन्दर है। इतना सुन्दर है ऑस्ट्रिया कि,
स्कूली बच्चों को भी यह लिखना उतारना पड़ता है।
लिखना पड़ता है – ऑस्ट्रिया सुन्दर शुरू होता है,
और ख़त्म भी सुन्दर होता है ऑस्ट्रिया। हाँ!
ऑस्ट्रिया के साथ ऐसा ही है। पूरा पूरा सुन्दर।
सौ बार।

तकनीकी संचार के युग में प्रेम

ताजी ब्रेड, पोस्ते की महक उठ रही है
पूरे अहाते में चम्मच, छुरी, काँटे खनक रहे हैं,
कुछ नहीं दुख की भरमार है 'कृपया प्रतीक्षा करें',
पासवर्ड की जाँच होगी।
घोंघे दिलों में घुस रहे हैं,
लोग कश लगा रहे हैं, पक्षी रो रहे हैं
होंठ, पिक्सेल दर पिक्सेल स्थापित होता है
होंठों पर कनेक्शन,
बीप, कश और घुसने के बावजूद, लाइन बिज़ी है।
आपको रीप्ले बटन दबाना होगा
जैसे सूखे पत्तों को, कि वे चूर–चूर हो जायें,
ग़लत यूज़र–नेम या पासवर्ड,
ख़ौफ़ हैं,
जिन्हें प्रेम की ख़ातिर
तकनीकी संचार के युग में सहना पड़ता है।

एरिष फ्रीड का जन्म सन् 1921 में एक यहूदी परिवार में हुआ। इन्हें ख़ासतौर पर राजनीतिक और प्रेम कविताओं के लिए जाना जाता है। इन्होंने नाटक और लघु उपन्यास भी लिखे हैं और अंग्रेज़ी साहित्य का अनुवाद किया है। सन् 1988 में इनकी मृत्यु हो गयी। हिन्दी अनुवाद में इनकी निम्नलिखित कृतियाँ उपलब्ध हैं :

- वतन की तलाश, एरिष फ्रीड की 100 कविताओं का संग्रह, वाणी प्रकाशन, नयी दिल्ली
- शब्द : ख़्वाहिश है नामुम्किन की, मार्सेल राइष–रानित्सकी द्वारा चयनित जर्मन कविताएँ, फोनीम पब्लिशर्स एंड डिस्ट्रीब्यूटर्स प्रा. लि., 2019
- मेरे मरने से पहले : ख़्वाहिश है नामुम्किन की, मार्सेल राइष–रानित्सकी द्वारा चयनित जर्मन कविताएँ, फोनीम पब्लिशर्स एंड डिस्ट्रीब्यूटर्स प्रा. लि., 2019
- क्या है यह : ख़्वाहिश है नामुम्किन की, मार्सेल राइष–रानित्सकी द्वारा चयनित जर्मन कविताएँ, फोनीम पब्लिशर्स एंड डिस्ट्रीब्यूटर्स प्रा. लि., 2019

मेरे पिता का अन्तिम संस्कार

यहूदियों के क़ब्रिस्तान में बहुत सी ज़मीन खुदी हुई है
ताबूत पर ताबूत आते जा रहे हैं, और धूप खिली हुई है।
चौकीदार कहता है : हफ़्तों से यही हाल है।
एक बच्चा तितली पकड़ रहा है और एक बूढ़ा रो रहा है।

धरती में थप्प से गिर गये हैं मेरे पिता,
मैं मिट्टी गिरा रहा हूँ, गीली और ठण्डी।
गायक गा रहा है। काले घोड़े हिनहिना रहे हैं।
गर्मियों की छुट्टियों की महक आ रही है।

वे जिन्होंने मेरे लिए बन्द कर दिये थे, मेरे शहर के बगीचे
और पानी के छोर पर मटमैली हरियाली में रखी बेंच,
उन्होंने मेरे पिता को मार दिया,
ताकि मैं बाहर निकलूँ और वसन्त को देख सकूँ।

1945 का परमाणु युग

अगर सब ठीक रहा तो
अगर मैं मर भी गया
फिर भी लोग कहेंगे
यहूदी सूअर
गलीज़ हब्शी
रूढ़िवादी भगत
या अधर्मी जानवर

वे एक–दूसरे पर
उनके रंग और जाति के आक्षेप लगायेंगे
उनके धर्म
और उनकी राजनीति के
"ज़िद्दी कम्युनिस्ट"
"व्यक्तिवादी कीड़ा"
इस तरह वे एक–दूसरे को बेइज़्ज़त करेंगे
अगर सब ठीक रहा तो

अगर सब बुरा रहा तो
वे गालियाँ देना बन्द कर देंगे

और नफ़रत नहीं करेंगे
क्योंकि मुर्दे गालियाँ नहीं देते, नफ़रत नहीं करते
अगर सब बुरा रहा तो
सारे पूर्वाग्रह
और जानी दुश्मनियाँ
मेरे साथ ही मर जायेंगी

निशाने पर लगे खिलौने

1

बाल दिवस पर
बमों के बजाय
खिलौने
नीचे गिराना

निःसन्देह
गहरी छाप छोड़ता है
ऐसा
बाज़ार–अनुसन्धानकर्ताओं का मानना था

इसने पूरी दुनिया पर
बहुत गहरी
छाप
छोड़ी

2

काश वह हवाई जहाज़
दो हफ़्ते पहले ही
खिलौने नीचे गिरा देता

और अब बम
तो मेरे दोनों बच्चों को
तुम्हारे रहम से
और चौदह दिन
खेलने को कुछ मिल जाता

आन्तरिक आज़ादी के बारे में

अपने मालिक के
चमचमाते काले जूतों के पास
मैं झुका था
ताकि उन्हें चूम लूँ
तभी उसने कहा :
और नीचे!

जब मैं और झुका
अपने भीतर मैंने महसूस किया
प्यारा
प्रतिरोध
मेरी रीढ़ की हड्डी
जो टेढ़ा नहीं होना चाहती थी

अपने मालिक का एहसानमन्द
मैं ख़ुशी–ख़ुशी आगे रेंगने लगा
अपने आन्तरिक
मान
और ताक़त
के इस अनुभव के लिए

एक बार में तीन सवाल

क्या एक कविता को
एक ऐसी दुनिया में
जो अपनी दरारों की वजह से
शायद गर्त में जाये
सहज होने की इजाज़त है?

क्या एक कविता को
एक ऐसी दुनिया में
जो अपनी दरारों की वजह से
शायद गर्त में जाये
सहज न होकर कुछ और होने की इजाज़त है?

क्या एक दुनिया को
जो शायद
अपनी दरारों की वजह से गर्त में जाये
एक कविता को
हिदायत देने की इजाज़त है?

चेतावनी

निश्चित रूप से
आज
मार्क्सवाद
समाजवाद
और जो भी है
सब को पूरी तरह से अप्रचलित मानना
आधुनिक हो गया है

मगर वह जिसके गले से
आज की आधुनिकता
कभी–कभी
उबकाई नहीं लेती
निश्चित रूप से
बेहद
ग़ैर–आधुनिक है

क्या बचेगा

बहुत कुछ जलकर ख़ाक हो गया
वक़्त के दर्द से
अपने शरीर के दर्द से :
जो बचा है
थोड़ा–सा लगता है

यहीं एक फ़र्क़ आ जाता है :
या तो वह हुनर हो
कि गिलास को मुँह तक ले जायें
कचड़े को
वक़्त रहते हटायें
बिस्तर में ऐसा करवट ढूँढ़ें
कि परेशान करने वाला दर्द
कुछ देर के लिए रुक जाये
शायद वह कला भी
कि बीमारी की गन्ध से
लड़ सकें
और कुछ नहीं

या
देखना

और समय–समय पर
विचारों की तैरती हुई कुछ
लम्बी डोरियों को जोड़ना
ह्योल्डर्लिन[1] के छन्दों को
क्रान्ति के गीतों[2] से
हेगेल[3] और मार्क्स[4]
या ब्लॉख[5] के वाक्यों और श्योन्बर्ग[6] की धुनों को
पास के जंगल से आती पतझड़ की हवा से
या उन शब्दों में से कुछ से भी
जिनका उन्होंने उस यहूदी
नासरत के यीशु को श्रेय दिया है

बीच–बीच में तस्वीरें :
रोज़ा[7], वामपन्थी उलरीके[8], रूडी[9],
आर्चबिशप रोमेरो[10], चे[11], क्रान्तिकारी, बेनाम लोगों की छाया
और आउश्वित्स[12] का धुआँ
और हिरोशिमा[13] का चौंध

शब्द बचेंगे
भावनाएँ

---

1. फ्रीड्रीष ह्योल्डर्लिन, जर्मन कवि व दार्शनिक, 2. यहाँ 'मार्सेलेस', फ्रांसीसी क्रान्ति का एक गीत जो आज फ्रांस का राष्ट्रगीत है।, 3. फ्रीड्रीष हेगेल, जर्मन दार्शनिक, 4. कार्ल मार्क्स, जर्मन दार्शनिक तथा क्रान्तिकारी, 5. एर्नस्ट ब्लॉख, जर्मन दार्शनिक, 6. आर्नोल्ड श्योन्बर्ग, जर्मन संगीतकार, 7. रोज़ा लुक्सेंबुर्ग, जर्मन क्रान्तिकारी तथा विचारक, 8. उलरीके माइनहोफ, पत्रकार व धुर वामपन्थी विचारक, 9. रूडी दुच्के, जर्मन छात्र नेता, 10. आर्चबिशप ऑस्कर रोमेरो, एल साल्वाडोर के नागरिक संघर्ष के दौरान हो रही हिंसक गतिविधियों के मुखर आलोचक।, 11. चे ग्वेरा, लातिनी अमरीकी क्रान्तिकारी, 12. आउश्वित्स, नाज़ियों द्वारा बनवाया यातना शिविर।, 13. हिरोशिमा, द्वितीय विश्वयुद्ध में परमाणु बम से तहस–नहस हुआ एक जापानी शहर।

विचार
ज्ञान और चिन्ता
क्रोध बचेगा और प्रतिरोध
और बेचैनी
और ख़्वाहिशें बचेंगी
यहाँ तक कि लोगों के लिए मामूली ख़्वाहिशें
(बेहद क़रीबी और अजनबी)
और भविष्य की उम्मीदें

हमारे मुक़ाम के बाद भी
कुछ बचेगा
पूरी दुनिया बचेगी–

या कुछ भी नहीं?

पेट्रा गाँग्लबाउअर *का जन्म सन् 1958 में हुआ है। वे लेखिका हैं और साथ ही रेडियो कलाकार भी। ये विभिन्न विधाओं में लिखती हैं और इन्होंने प्रकाशन कार्य भी किया है। इन्हें विभिन्न पुरस्कारों से सम्मानित किया गया है।*

भुलाई हुई

भुलाई हुई *(थकी)* झोंक देती हूँ
ख़ुद को चिट्ठियों में
(सामग्री से भरी)।
(अजनबी लिखावट का जादू सालता है)

कहाँ

कहाँ या दूर
पहुँचना होगा मुझे
तुम्हें महसूस करने के लिए।
कहाँ या दूर
परछाइयों के पीछे छुपे हो तुम मेरे प्यारे।

सिर्फ़

सिर्फ़ वापसी से ही मौजूदगी सम्भव होती है :
सिर्फ़ रुख़सतों से ही चीज़ों की सूरतों को
उनका अंजाम मिलता है *(याद ने पत्थर में तराश कर
सँभाला था अपना वज़न)*

माया हाडेरलाप *का जन्म सन् 1961 में हुआ है। वे ऑस्ट्रिया में रहने वाले स्लोवेनियायी अल्पसंख्यक समुदाय की सदस्य हैं और ख़ासतौर से इस समुदाय के बारे में लिखती हैं। इनकी कृतियाँ अक्सर द्विभाषी होती हैं। ये नाटककार भी हैं।*

हमारी मेज़ पर गाना चल रहा है

हमारी मेज़ पर गाना चल रहा है।
हमने मातम ओढ़ रखा है, मगर लाल और नम हैं
हमारे होंठ।
पुराने जैतून के नीचे
मुझे सुनायी दे रहा है ज़ुबानों का बोलना।
हम देखते हैं उसका गाँठों भरा तना
और कहते हैं : कितना अच्छा है यह यहाँ है!
फिर हम रोशनी फैला देते हैं,
और अपने थके चेहरों से
सिर्फ़ परछाइयाँ समेट लेते हैं।
लूट के माल को चुपके से अपने झोलों में भर लेते हैं
और बिना रुके गाते हैं :
हम! हमारा है, हम होंगे, हम हैं!
अभी हरकारे नहीं दिख रहे।
अभी रुकी हुई हैं क्रान्ति की अफ़वाहें।
हम एहतियातन इन्तज़ार कर रहे हैं,
हम इन्तज़ार कर रहे हैं।

राजाओं की किताब

हमारे देश में राजा
कभी–कभी पलायन के बारे में बोलते थे।
वे सुबह तड़के घोड़ों पर आते
या पैदल, हमारे दरवाज़े
भड़भड़ाते और कहते :
ये रही रोटी, जो तुम लोगों को खानी है!
यह जीने के लिए काफ़ी नहीं है!
हम भण्डार से परोसने के लिए
मांस, फलों की शराब
और किशमिश ले आते। हम हँसते
मगर राजा हमारी नहीं सुनते।
चबाते–चबाते वे चल पड़ते
और हमारे घरों से निकल जाते।
अपने कामों को छोड़कर
हम उन्हें जाते हुए देखते।
वही पुराना डर
आग्रह की तरह लुभाता था,
हम सारा बारदाना रख देते थे,
और अपने दरवाज़े बन्द कर लेते थे।
फिर हम वह रोटी खाते थे।

हान्स हाइन्त्स हान्ल *का जन्म सन् 1923 में हुआ था। ये पत्रकार और लेखक थे। अपनी कविताओं में इन्होंने 'वेली' नाम के एक कल्पित वक्ता की रचना की है जो यहाँ प्रस्तुत कविताओं में भी मौजूद है। सन् 2006 में इनकी मृत्यु हो गयी।*

हज़ारों विचार

हज़ारों विचार और हज़ारों कविताएँ
मैंने खो दीं।
दे दीं और बर्बाद हो गयीं।
वादी की धुन्ध में बिखर गयीं,
बारिश की बौछारों में बह गयीं
गर्मी की ताप में घुँट गयीं,
नवम्बर के दिनों की ऊब में
खो गयीं। क्षितिज पर
उभरीं और आगे बढ़ गयीं,
मैं उन्हें रोक भी नहीं पाया।
उनके लिए मैं नहीं रोऊँगा, वेली ने कहा,
उन्होंने मुझे गर्माहट दी
और ठण्डक, मैं उनका मालिक था
और उनका गुलाम न बनने की ख़ातिर,
मैंने उन्हें
जाने दिया।

क़ाबिल लोगों के बीच फँस कर

क़ाबिल लोगों के बीच
फँस कर, मैं फिर से कविता में
भाग जाता हूँ, यह
ज़ीरो–फ़ीसदी–निवेश।
इधर बैंकर, उधर
साहित्य माफिया,
मेरे आगे और पीछे
वही गुमनाम उदासीनता,
आदर्शवाद और व्यावहारिक अभ्यास के बीच
जकड़ी
फड़फड़ाती है कविता।
वेली के पास चारा ही क्या है
कविता लिखते रहने के सिवाय।

एर्नस्ट यांड्ल *का जन्म सन् 1925 में हुआ था। इन्होंने अपने काव्य में प्रयोगात्मक भाषा का भरपूर इस्तेमाल किया है। आधुनिक यूरोपीय अग्रगामी लेखकों में इनका ख़ास स्थान है। सन् 2000 में इनकी मृत्यु हो गयी। हिन्दी अनुवाद में इनकी निम्नलिखित कृतियाँ उपलब्ध हैं–*

- *इकारुस : ख़्वाहिश है नामुम्किन की, मार्सेल राइष–रानित्सकी द्वारा चयनित जर्मन कविताएँ, फोनीम पब्लिशर्स एंड डिस्ट्रीब्यूटर्स प्रा. लि., 2019*
- *धिचारवारा : ख़्वाहिश है नामुम्किन की, मार्सेल राइष–रानित्सकी द्वारा चयनित जर्मन कविताएँ, फोनीम पब्लिशर्स एंड डिस्ट्रीब्यूटर्स प्रा. लि., 2019*
- *गर्मियों का गीत : ख़्वाहिश है नामुम्किन की, मार्सेल राइष–रानित्सकी द्वारा चयनित जर्मन कविताएँ, फोनीम पब्लिशर्स एंड डिस्ट्रीब्यूटर्स प्रा. लि., 2019*
- *कुछ बताओ जंग के बारे में पापा : ख़्वाहिश है नामुम्किन की, मार्सेल राइष–रानित्सकी द्वारा चयनित जर्मन कविताएँ, फोनीम पब्लिशर्स एंड डिस्ट्रीब्यूटर्स प्रा. लि., 2019*
- *शुभकामनाएँ : ख़्वाहिश है नामुम्किन की, मार्सेल राइष–रानित्सकी द्वारा चयनित जर्मन कविताएँ, फोनीम पब्लिशर्स एंड डिस्ट्रीब्यूटर्स प्रा. लि., 2019*

तुम्हारे पास लेटना

मैं तुम्हारे पास लेटा हुआ हूँ। तुम्हारी बाँहें
थामती हैं मुझे। तुम्हारी बाँहें
थामती हैं जितना मैं हूँ उससे ज़्यादा।
तुम्हारी बाँहें थामती हैं, जो मैं हूँ
मैं जब तुम्हारे पास लेटता हूँ और
तुम्हारी बाँहें थामती हैं मुझे।

इन्सान की मशक्कत

आलसी होना
है न पढ़ना न–कोई किताब
है न पढ़ना न–कोई अख़बार
है न पढ़ना न–कुछ भी

आलसी होना
है न सीखना न पढ़ना और लिखना
है न सीखना न हिसाब लगाना
है न सीखना न–कुछ भी

आलसी होना
है न हिलाना न उँगली
है न घुमाना न हाथ
है न करना न काम कुछ भी

आलसी होना
जब तक मुँह खुलता और बन्द होता है
जब तक साँस भीतर और बाहर जाती है
तब तक कुछ भी नहीं है

हाथ की दो मुद्राएँ

हर गिरजे के सामने
मैं क्रॉस बनाता हूँ
हर बाग़ के सामने
मैं आलूबुखारता हूँ

हर कैथोलिक जानता है
पहले वाला मैं कैसे करता हूँ
दूसरे वाला मैं कैसे करता हूँ
मैं ही जानता हूँ

गुस्ताव यानुश *का जन्म 1939 में हुआ है। वे चित्रकार और अनुवादक भी हैं। वे मूल रूप से स्लोवेनियायी भाषा में लिखते हैं। यहाँ प्रस्तुत कविता भी इसी भाषा में लिखित है और हिन्दी अनुवाद के लिए पेटर हांड्के (2019 में साहित्य के लिए नोबेल पुरस्कार) द्वारा जर्मन में किये गये अनुवाद को लिया गया है।*

लोगों ने मुझसे कहा

जब तुम्हें कँपकँपी लगे और ठण्ड तुम्हें झकझोर दे,
लोगों ने मुझसे कहा,
तब तुम्हें ऊनी मोजे, ओवरकोट
और दस्ताने पहनने चाहिए।
जब तुम बीमार हो और तुम्हें फ्लू हो,
लोगों ने मुझसे कहा,
तब तुम्हें बिस्तर में रहना चाहिए,
चाय पीना
और दिन में तीन बार
बुख़ार की गोलियाँ खानी चाहिए।
जब तुम प्यासे हो भूखे हो,
लोगों ने मुझसे कहा,
तब तुम्हें सूअर के मांस,
और काले अनाज की ब्रेड खानी चाहिए
और साथ में अंगूर का रस या बियर पीनी चाहिए।
जब तुम उदास और मायूस हो
लोगों ने मुझसे कहा,
तब तुम्हें रोना और कराहना चाहिए
और काले कपड़े पहनने चाहिए।
जब तुम ख़ुश हो
लोगों ने मुझसे कहा,

तब तुम्हें किलकारना चाहिए
और लोक गीत गाना चाहिए।
लोगों ने कभी मुझसे यह नहीं कहा
कि तब मुझे क्या करना चाहिए
जब कँपकँपी न लगे,
जब मैं बीमार न हूँ,
भूखा और प्यासा न हूँ,
उदास न हूँ
और ख़ुश न हूँ।

__हेर्टा क्रैफ्टनर__ का जन्म सन् 1928 में हुआ। इनकी कृतियों में आत्मकथात्मक पहलू का ख़ास महत्त्व है। इनकी मृत्यु सन् 1951 में हो गयी। हिन्दी अनुवाद में इनकी निम्नलिखित कृति उपलब्ध है :

- *गाँव की शाम : ख़्वाहिश है नामुम्किन की, मार्सैल राइष–रानित्सकी द्वारा चयनित जर्मन कविताएँ, फोनीम पब्लिशर्स एंड डिस्ट्रीब्यूटर्स प्रा. लि., 2019*

जल्लाद की पत्नी

जल्लाद की पत्नी एक दोपहर खाना ख़त्म नहीं कर पायी।
उसका पति उस वक़्त एक छोटा सा मुर्ग़ा खा रहा था।
वह उसे देख रही थी, और पता नहीं क्यों,
उसे अपनी शादी के दिन की याद आ गयी,

और शाश्वत प्रेम की, और इसकी कि कोई गा रहा था।
वह एक सफ़ेद मुर्ग़ा था,
कैसा मुलायम और सफ़ेद और गर्म,
और छुरी के नीचे एकदम शान्त।
उसे अब उसका पति खा रहा था, और चर्बी की एक बूँद
उसकी सफ़ेद और साफ़ उँगलियों से उतर रही थी।

तभी वह चीख़ उठी, बिल्कुल वैसे ही,
जैसे उसका पति कुछ क़ैदियों के बारे में बताया करता था,
जब वे उसे देखते थे।
वह चीख़ी और उसने अपनी थाली दूर धकेल दी,
और भाग गयी, बाहर के छोटे बगीचे से होती
और शहर की सड़कों,
पोस्त के खेत से होती
और गेहूँ के खेत
और हरी तिपतिया घास के खेत से होती।
बहुत देर तक उसे बेकार ही ढूँढ़ा गया।

वह लड़का

सूखे हुए केले के छिलके से
चिपकी थी फल की ज़रा सी पपड़ी
और किसी दूर, गर्म खाड़ी की गन्ध।
उसने पहली बार उसे सूँघा
और फ़ौरन किसी लत के गुलाम की तरह हो गया
और भागने के लिए उसने एक कॉपी से एक
कश्ती काट ली।

थेओडोर क्रामर *का जन्म 1897 में हुआ था। ये दोनों विश्वयुद्धों के बीच के समय के सबसे महत्त्वपूर्ण लेखकों में से एक माने जाते हैं। 1939 में इन्हें अपने यहूदी मूल के कारण इंग्लैंड में पनाह लेनी पड़ी। इनकी मृत्यु 1958 में हो गयी। हिन्दी अनुवाद में इनकी निम्नलिखित कृतियाँ उपलब्ध हैं :*

- *कौन खटखटा रहा है दरवाज़े पर : ख़्वाहिश है नामुम्किन की, मार्सेल राइष–रानित्सकी द्वारा चयनित जर्मन कविताएँ, फोनीम पब्लिशर्स एंड डिस्ट्रीब्यूटर्स प्रा. लि., 2019*
- *धूल के साथ : ख़्वाहिश है नामुम्किन की, मार्सेल राइष–रानित्सकी द्वारा चयनित जर्मन कविताएँ, फोनीम पब्लिशर्स एंड डिस्ट्रीब्यूटर्स प्रा. लि., 2019*
- *पुरानी प्रेमिकाएँ : ख़्वाहिश है नामुम्किन की, मार्सेल राइष–रानित्सकी द्वारा चयनित जर्मन कविताएँ, फोनीम पब्लिशर्स एंड डिस्ट्रीब्यूटर्स प्रा. लि., 2019*
- *रेल तटबन्ध पर गीत : ख़्वाहिश है नामुम्किन की, मार्सेल राइष–रानित्सकी द्वारा चयनित जर्मन कविताएँ, फोनीम पब्लिशर्स एंड डिस्ट्रीब्यूटर्स प्रा. लि., 2019*

ताज़ा हवा के बारे में

कभी–कभी बहुत इच्छा होती है शाम को घर से बाहर जायें,
चार दीवारों के अलावा कुछ और देखें,
ख़ास नहीं, बस कुछ अलग करने के लिए,
कुछ नहीं तो उसी आरामकुर्सी में न बैठने के लिए।

फ़र्क़ नहीं पड़ता, कैसा है रेस्टोरेंट में खाने का स्वाद
बस कुछ अलग है, अलग सजी हुई है मेज़,
फ़र्क़ नहीं पड़ता, क्या बोल रहा है बराबर में बैठा आदमी,
बस कुछ अलग है उस जाने–पहचाने चेहरे से।

चाहे खाना लज़ीज़ न हो, शराब भी घटिया हो,
ख़ुशी से ढीला पड़ जाता है गालों के इर्द–गिर्द का घेरा,
मद्धम–मद्धम बही आती है हवा, कभी–कभार गुज़रेगी
मटमैले पौधों की हरियाली से होकर,
अजीब बात है कनपटियों के पीछे अब उतना ख़ाली नहीं है।

कुछ चीज़ें याद आती हैं, जब आप वापस घर में होते हैं।
आँखों से खिड़की में ख़त्म होते नीले का पीछा करते हैं,
नाली के पाइप का चमचमाना देखते हैं और कानों में सुनते
हैं लहू की आवाज़,
ताज़ा हवा से एक–दो दिन ठीक रहता है।

फ्रीडेरीके मायर्योकर *का जन्म सन् 1924 में हुआ। इनकी गिनती बीसवीं व इक्कीसवीं सदी के सबसे महत्त्वपूर्ण ऑस्ट्रियाई लेखकों में होती है। इन्हें बहुत–से साहित्य पुरकारों से सम्मानित किया गया है जिसमें गेऑर्ग ब्युषनर पुरस्कार भी शामिल है।*

मेरी माँ खुली बाँहों वाली

मेरी माँ खुली बाँहों वाली
जब मैं उसके यहाँ आती वह मुझसे मिलती
मेरी माँ नाज़ुक–मीठे बोलों वाली
जब फ़ोन पर मैं उसे बताती कि मैं नहीं आ पाऊँगी
मेरी माँ चेहरा फेर लेने वाली
जब वह बोलना चाहती थी मगर बोल नहीं पायी
मेरी माँ मुँदी आँखों वाली
जब मैं बहुत देर से पहुँची उसे आख़िरी बार आगोश में भरने

फ़ोटो

अपने बड़े बायें हाथ से
उसने मेरा बड़ा दायाँ हाथ ढँका हुआ है
अपने गर्म बड़े बायें हाथ से
उसने मेरा ठण्डा बड़ा दायाँ हाथ ढँका हुआ है
मैंने अपना बड़ा दायाँ ठण्डा हाथ छुपाया हुआ है, सुरक्षित ढंग से
मेरे अस्थिर दायें बड़े ठण्डे हाथ पर
उसका बड़ा बायाँ गर्म हाथ रखा हुआ है
सन् 76 में श्टेफ़ान मोज़ेस हमारी फ़ोटो खींच रहा है
हमने अपने दूसरे हाथों से चेहरे ढके हुए हैं
(जैसा श्टेफ़ान मोज़ेस ने हमें करने को कहा है)–
हमने एक–दूसरे को ऐसे आम तरीक़े से पकड़ा है
कि मेरी पोशीदा आँखों से,
बाद में मेरे आँसू फूट पड़ते हैं... तुम्हारा
ख़ून मिल जाता है मेरे ख़ून में
प्यार की बेलगाम हमेशगी में

एर्नस्ट यांड्ल के लिए

वाल्टर पिलार *का जन्म सन् 1948 में हुआ था। ये साहित्यकार के साथ–साथ कलाकार भी थे। इनके लेखन में भाषा और बोली का ताना–बाना देखने को मिलता है। इनकी मृत्यु सन् 2018 में हो गयी।*

वतन

खिली धूप का बगीचा जहाँ आती–जाती परछाइयाँ हैं,
चिड़ियों की चहचहाहट, पत्तों की खड़–खड़ है : हवा,
नीला आसमान, उमड़ते पीले बादल,
ऊपर, नीचे : चिड़ियों की उड़ान।

घास काटने की मशीन बेहद क़रीब बोलती है।
बारी–बारी से घुरघुरा रही हैं मोपेड, गाड़ियाँ, मोटर–साइकिलें,
बाक़ी विमानों की पंक्ति से बाहर आ गया है आसमान में
एक लड़ाकू विमान
और एक फीता खींच रहा है : पीछे एक पीली लकीर

सुनो, सुनो तो :

बगीचे की रोड़ी पर गिरती है एक चिमटी,
ऊपर रंग–बिरंगे कपड़े फड़फड़ा रहे हैं
और दूर एक स्पोर्ट्स–प्लेन खींचे ले जा रहा है एक
लाल–सफ़ेद–लाल पट्टी :

ओ

तुम

मेरे

वतन ...

ज़ोफ़ी राइयर *का जन्म सन् 1984 में हुआ। ये बच्चों के लिए नाटक लिखती हैं और संगीतकार भी हैं। इनकी कृतियाँ विभिन्न भाषाओं में अनूदित हुई हैं।*

नाज़ुक हैं उसके हाथ

नाज़ुक हैं उसके हाथ वे जानते हैं कैसे देते हैं कैसे लेते हैं
मुलायम हैं उसकी नज़रें वह जानती है कोई कैसे चीरता
है हमला करता है लूटता है
तेज़ हैं उसकी जुबानें वह जानती है तन्दुरुस्ती में कोई
कैसे चूमता है कैसे बीमारी में उबकाई लेता है
बर्बाद हैं उसकी आँखें वह जानती है कोई कैसे मोहब्बत
करता है कोई कैसे था समझदार
वक्त आ गया है वह सीखे ख़ुद से मोहब्बत करने देना
क्योंकि *नाज़ुक हैं उस आदमी के हाथ वे जानते हैं...*

इल्ज़े टील्श *का जन्म सन् 1929 में हुआ। ये विभिन्न विधाओं में लिखती हैं। इन्हें अनेक साहित्य पुरस्कारों से नवाज़ा गया है। इनकी कृतियाँ तक़रीबन बीस भाषाओं में अनूदित हैं।*

बुरी कहानियाँ

शाम को, अच्छी प्लास्टिक–लैम्प की
हल्की रोशनी में
अपने बच्चों को सुना रही हूँ मैं
वही पुरानी बुरी कहानियाँ
उस भाई की जिसने अपने भाई को मार डाला था
उस बाप की जिसने खा लिये थे अपने बच्चे
मैं सच से नहीं डगमगाती
कुछ गढ़ने की ज़रूरत नहीं
मैं सुनाती हूँ पुराने अच्छे दिनों के बारे में
बच्चे चुपचाप सुन रहे हैं मेरी बात
फिर बोलते हैं **एक और**
एक और बोलते हैं बच्चे
लाल हैं उनके गाल
कमरे में ख़ून बह रहा है
अपना मुँह चाट रहा है कुत्ता
मैं उतनी देर तक सुनाती रहती हूँ
जब तक कि मुझसे
ख़ुद को ही नहीं सुना जाता
बच्चो सब्र रखो
मैं बोलती हूँ
जब तुम बड़े हो जाओगे
तब तुम महसूस करोगे
अपनी बुरी कहानियाँ

मेरे रास्ते का पत्थर

1

मेरे रास्ते का पत्थर
उसकी दरारें और छेद
उसके बालों सरीखे जोड़
किनारे और घुमाव
संक्षेप में
उसकी पूरी सतह
(कुछ चीज़ें पत्थर से भी सख़्त होती हैं
दिल का पत्थर बनते जाना
बढ़ रहा है)

2

वह पत्थर जिससे मैं टकराती हूँ
वह पत्थर जिसे मैं फेंकती हूँ
वह पत्थर जो मुझ पर पड़ता है
उसके खाँचे और खड्डे
वे छाप और जड़ाव
वे अमिट निशान

(इस पत्थर ने जो बचा रखा है
उसे कभी ज़ाहिर नहीं करता)

3

पत्थर से ऊपर बहता है लहू
पत्थर पर गिरती है बारिश
हमें भरोसा है बारिश का
हमें भरोसा है
ख़ामोश रहेंगे
पत्थर

4

जहाँ तक पत्थर के भविष्य की
बात है
मुझे चिन्ता करने की
ज़रूरत नहीं है :
पत्थर तब भी रहेगा
जब कोई पत्थर
दूसरे पत्थर पर
नहीं रहेगा

कॉर्नेलिया ट्राव्नीचेक *का जन्म सन् 1987 में हुआ है। ये लेखन के साथ–साथ चीनी साहित्य के अनुवाद में कार्यरत हैं। इनकी कृतियाँ भी कई भाषाओं में अनूदित हैं। इनके उपन्यास 'चक्स' पर आधारित इसी नाम की एक फ़िल्म भी बनी है।*

गर्मी की खुशबू

गर्मी की ख़ुशबू आना नहीं चाहती
ठहरा हुआ पानी और मरी हुईं नन्ही चिड़ियाँ
मेरी खिड़की में मढ़ी हुई है एक दृश्य की तस्वीर
जिसे मैं अपना देश कहती हूँ
हौले से तौलती हूँ
अपने हाथ में बचे हुए दिन
गिनती हूँ एक–एक कर अपनी जीभ पर
सफ़ेद स्ट्रॉबेरी,
खिड़की की पट्टी पर रखे हैं गुनगुनी फुहार में पौधे
जबकि फावड़े से कीचड़ हटा रहे हैं पड़ोसी
एक दशक की तलछट

लीज़्ल उयवारी *का जन्म सन् 1939 में हुआ। ये फ़ोटोग्राफ़र व संगीतकार हैं। ये रूसी साहित्य के अनुवाद में भी कार्यरत हैं। इन्हें प्रयोगात्मक साहित्य के महत्त्वपूर्ण प्रतिनिधियों में से एक माना जाता है।*

द्वन्द्वात्मक चीज़ें

डैन्यूब हमेशा एक ही दिशा में बहती है।
नहीं, डैन्यूब हमेशा एक ही दिशा में नहीं बहती है।

नयी सरकार अलग होगी।
नहीं, नयी सरकार अलग नहीं होगी।

गुरुत्व बल सर्वमान्य है।
नहीं, गुरुत्व बल सर्वमान्य नहीं है।

कम्युनिस्ट पार्टी हमेशा एक से सिद्धान्तों पर चलती है।
नहीं, कम्युनिस्ट पार्टी हमेशा एक से सिद्धान्तों पर नहीं
चलती है।

नेता ख़ुशी–ख़ुशी बच्चों के साथ खेलते हैं।
नहीं, नेता ख़ुशी–ख़ुशी बच्चों के साथ नहीं खेलते हैं।

इतिहास से बहुत कुछ सीखा जा सकता है।
नहीं, इतिहास से बहुत कुछ नहीं सीखा जा सकता है।

ऑस्ट्रिया तटस्थ राष्ट्र है।
नहीं, ऑस्ट्रिया तटस्थ राष्ट्र नहीं है।

सूरज सभी लोगों को एक सी रोशनी देता है।
नहीं, सूरज सभी लोगों को एक सी रोशनी नहीं देता है।

सैन्य संस्थान आत्मरक्षा के काम आते हैं।
नहीं, सैन्य संस्थान आत्मरक्षा के काम नहीं आते हैं।

स्कूल में बच्चों को नागरिक बनने की शिक्षा दी जाती है।
नहीं, स्कूल में बच्चों को नागरिक बनने की शिक्षा नहीं दी जाती है।

जीसस तुमसे प्रेम करते हैं।
नहीं, जीसस तुमसे प्रेम नहीं करते हैं।

बुर्गथिएटर एक महत्त्वपूर्ण सांस्कृतिक संस्था है।
नहीं, बुर्गथिएटर एक महत्त्वपूर्ण सांस्कृतिक संस्था नहीं है।

पूँजीवाद सबसे अच्छा सामाजिक तन्त्र है।
नहीं, पूँजीवाद सबसे अच्छा सामाजिक तन्त्र नहीं है।

कार परिवहन का उपयोगी माध्यम है।
नहीं, कार परिवहन का उपयोगी माध्यम नहीं है।

कला सभ्य बनाती है।
नहीं, कला सभ्य नहीं बनाती है।

हमारी राजधानी विएना साल–दर–साल और सुन्दर और आधुनिक होती जा रही है।
नहीं, हमारी राजधानी विएना साल–दर–साल और सुन्दर और आधुनिक नहीं होती जा रही है।

शराब ख़तरनाक ज़हर है।
नहीं, शराब ख़तरनाक ज़हर नहीं है।

ज़्यादा पुलिस का मतलब ज़्यादा सुरक्षा होता है।
नहीं, ज़्यादा पुलिस का मतलब ज़्यादा सुरक्षा नहीं होता है।

ऐसा नहीं होना चाहिए

चेहरा बदसूरत नहीं होना चाहिए।
आँखें सूजी नहीं होनी चाहिए।
नज़र अस्थिर और धुँधली नहीं होनी चाहिए।
गाल झुर्रीदार और जर्द नहीं होने चाहिए।
नाक मुड़ी नहीं होनी चाहिए।
होंठ फीके और पपड़ीदार नहीं होने चाहिए।
ठोड़ी ढलुआ नहीं होनी चाहिए।
बाल रूखे, पतले, कमज़ोर और बेरंग नहीं होने चाहिए।
खाल फटी, लाल, चिपचिपी और खुरदुरी नहीं होनी चाहिए।
गर्दन छोटी और मोटी नहीं होनी चाहिए।
कन्धे झुके नहीं होने चाहिए।
बगल पसीने से तर नहीं होनी चाहिए।
बाँहें पतली और सिकुड़ी नहीं होनी चाहिए।
जोड़ चौड़ी हड्डी वाले नहीं होने चाहिए।
हाथ खुरदुरे और गीले नहीं होने चाहिए।
उँगलियाँ मोटी और गाँठदार नहीं होनी चाहिए।
उँगलियों के पोर सख़्त नहीं होने चाहिए।
उँगलियों के नाख़ून मोटे और गाँठदार नहीं होने चाहिए।
सीना छोटा, ढीला, बेशक्ल और धँसा नहीं होना चाहिए।
पेट मोटा और बड़ा नहीं होना चाहिए।
कमर फैली नहीं होनी चाहिए।

कूल्हे मोटे और थुलथुल नहीं होने चाहिए।
जाँघें कमज़ोर और चर्बीदार नहीं होनी चाहिए।
घुटने तीख़े नोकदार नहीं होने चाहिए।
टाँगें टेढ़ी–मेढ़ी नहीं होनी चाहिए।
पिंडलियाँ मोटी नहीं होनी चाहिए।
टखने भद्दे नहीं होने चाहिए।
पाँव बड़े और बेडौल नहीं होने चाहिए।

पीटर वॉटरहाउस *का जन्म सन् 1956 में हुआ। ये ऑस्ट्रिया के प्रमुख कवियों में से एक हैं और अंग्रेज़ी और इतालवी भाषा के अनुवादक भी हैं। इन्हें साहित्य के कई बहुत महत्त्वपूर्ण पुरस्कारों से सम्मानित किया गया है।*

क़िस्से का विस्तार

आज भाषा कही जाती है : नाचीज़। हिचकिचाहट फैल
रही है।
दुनिया दूर है। हमारी चुप्पी में संकुचित फल कहलाता है :
ख़ुशहाल फलों का बाग़। ख़ामोशी की कुछ क़िस्में
गर्मियों में खट्टी लगती हैं। इस खटास का नाम है : जल्दी
तोड़ लिया जाना। हमारी हिचकिचाहट से ही मीठा बनेगा
साल
(मीठा बन सकता है, मीठा बन सकता है
को कहते हैं कहानी का सिलसिला)। वाह, कितना सुन्दर है
गर्मी को बिना बोले पतझड़ की ओर धकेल देना। हम
आगे कैसे धकेलें?
हमें कौन धकेलेगा?

कोई कहता है : रात हमें दिन की तरफ़ धकेलती है।
अफ़सोस,
दिन भी धकेलते हैं। जल्द ही यह हरकत पतझड़ कहलायेगी
मीठे निशान सीधे नीचे गिरेंगे : हम
उन्हें खायेंगे। इस पल में
मीठा क़िस्सा बिना बोले एक क़दम बढ़ाता है। इस क़दम
को कहते हैं :
कोई क़दम नहीं। इस बावत हम तैयार हैं और

हिचकिचाते हुए उसे बुलाते हैं : फलों का बाग़। बाहर
हम चुप हैं।
भीतर कहलाता है : एक सेब की रात में
ख़ामोश कीड़ा।

हम इन्तज़ार कर रहे हैं। हम कीड़े का इन्तजार कर रहे
हैं। इसके बाद बाग़ कहलायेगा
खेत, वन, घाटी, दुनिया। कीड़े केन्द्रों
में छूट जायेंगे। इन्तज़ार करने वाला सोचता है :
शायद यह क़िस्से का विस्तार हो सकता है।

स्रोत

1. Rose Ausländer, *Damit kein Licht uns liebe. Aus:* Die Sichel mäht die Zeit zu Heu, Gedichte 1957-1965, © S. Fischer Verlag GmbH, Frankfurt am Main, 1985
   Noch bist du da. Aus: Ich höre das Herz des Oleanders, Gedichte 1977-1979, © S. Fischer Verlag GmbH, Frankfurt am Main, 1984
   Im Ghetto. Aus: Gedichte, © S. Fischer Verlag GmbH, Frankfurt am Main, 2001
2. Ingeborg Bachmann, *Alle Tage; Das Spiel ist aus.* Aus: Ingeborg Bachmann, Werke, Band 1, © 1978 Piper Verlag GmbH, München/Berlin
3. Richard Billinger, *Die armen Seelen.* Aus: Lob Gottes, Heybach Verlag, Wien 1990
4. Iris Blauensteiner, *Die Hände meiner Grossmutter; Der Schlaf der Käfer.* Aus: Lyrik von Jetzt 3 Babelsprech, Hg. Max Czollek, Michael Fehr und Robert Prosser, Wallstein Verlag, Göttingen, 2015 © Iris Blauensteiner
5. Christine Busta, *Liebesgedichte; Einsilbig.* Aus: Christine Busta, Einsilbig ist die Sprache der Nacht, Otto Müller Verlag, Salzburg, 2000
6. Paul Celan, *Sie kämmt ihr Haar; Corona.* Aus: Paul Celan, Mohn und Gedächtnis © 1952, Deutsche Verlags-Anstalt, München, in der Verlagsgruppe

Random House GmbH

7. Ann Cotten, *Fahrtwind, regressiv.* Aus: Ann Cotten, Fremdwörterbuchsonette.Gedichte. Mit zahlreichen Abbildungen. © Suhrkamp Verlag Frankfurt am Main 2007

8. Jeannie Ebner, *Ein Frauenleben.* Aus: Sämtliche Gedichte 1940 – 1993

9. Hans Eichhorn, *Novembersonne.* Aus: Das Zimmer als voller Bauch. Gedichte © 1993 Residenz Verlag GmbH, Salzburg – Wien

10: Janko Ferk, *einem stein; in deinem mund.* Aus: Vergraben im Sand der Zeit, © 1989 Edition Atelier, Wien

11. Franzobel, *Österreich ist schön; Die Liebe im Zeitalter der technischen Kommunikation.* Aus: Franzobel, Luna Park- Vergnügungsgedichte, © Paul Zsolnay Verlag, Wien 2003

12. Erich Fried, *Begräbnis meines Vaters; Atomzeitalter 1945; Gezieltes Spielzeug; Von der inneren Freiheit; Drei Fragen zugleich; Warnung; Was bleibt?* Aus: Gesammelte Werke. Gedichte und Prosa, Hg. Volker Kaukoreit and Klaus Wagenbach © 1993, 1998, 2006 Verlag Klaus Wagenbach, Berlin

13. Petra Ganglbauer, *Vergessen; Erst; Wohin.* Aus: Zusammenzuraffen wäre also nichts. Gedichte © 1987 Gangan Verlag, Graz-Wien, Hg. Horst Gerald Ganglbauer

14. Maja Haderlap, *an unserem tisch wird gesungen; buch der könige.*Aus: Gedichte - Pesmi - Poems, Translation Klaus D-Olof und Marija Smolić, 1998 Drava Verlag, Klagenfurt/Celovec © Maja Haderlap

15. Hans Heinz Hahnl, *Tausend Gedanken.* Aus:Velis Abschied © 1997 Literaturedition

Niederösterreich, St-Pölten, Veli wich anderen Schriftstellern aus

Unter die tüchtigen Leute geraten. Aus: Velis Literaturzweifel © 1997 Literaturedition Niederösterreich, St. Pölten

16. Ernst Jandl, *zweierlei handzeichen; liegen bei dir; menschenfleiß.* Aus: Ernst Jandl, Werke in 6 Bänden (Neuausgabe), edited by Klaus Siblewski © 2016 Luchterhand Literaturverlag, München, in der Verlagsgruppe Random House GmbH
17. Gustav Januš, *Man hat mir gesagt.* Aus: Gustav Januš, Gedichte 1962-1983, Übersetzt aus dem Deutschen von by Peter Handke, 1983 Suhrkamp Verlag, Frankfurt am Main © Gustav Januš
18. Hertha Kräftner, *Der Knabe; Die Frau des Henkers.* Aus: Hertha Kräftner, Kühle Sterne. Gedichte, Prosa, Briefe, Suhrkamp 2001 © 1997 Wieser Verlag, Klagenfurt
19. Theodor Kramer, *Vom Sich-Auslüften.* Aus: Theodor Kramer, Gesammelte Gedichte in 3 Bänden. Edited by Handke Erwin Chvojka. Band 1 © Paul Zsolnay Verlag Wien 1997 und 2005
20. Friederike Mayröcker, *Meine Mutter mit den offenen Armen; Fotografie.* Aus: Friederike Mayröcker, Gesammelte Gedichte 1939-2003. Herausgegeben von Marcel Beyer. © Suhrkamp Verlag Frankfurt am Main 2004.
21. Walter Pilar, *Heimatl!* Aus: Jederland Gedichte, 1983 herbstpresse, Wien © Gertrud Pilar
22. Sophie Reyer, *ihre hände sind weich.* Aus: Lyrik von Jetzt 3 Babelsprech, Hg. Max Czollek, Michael Fehr und Robert Prosser, Wallstein Verlag, Göttingen, 2015 © Sophie Reyer
23. Ilse Tielsch, *Böse Geschichten; Der Stein auf meinem*

Weg. From Aus: Podium Porträt 17. © 2004 Ilse Tielsch, Wien

24. Cornelia Travnicek, *der duft des sommers.* Aus: Lyrik von Jetzt 3 Babelsprech, Hg. Max Czollek, Michael Fehr und Robert Prosser, Wallstein Verlag, Göttingen, 2015 © Cornelia Travnicek
25. Liesl Ujvary, *Dialektische Gegenstände; So soll es nicht sein!* Aus: Liesl Ujvary, Sicher & gut. Neuausgabe der Erstauflage von 1977 © Klever Verlag, Wien 2017
26. Peter Waterhouse, *Die Erweiterung der Geschichte.* Aus: Peter Waterhouse, passim- Gedichte © 1986 Rowohlt Verlag GmbH, Reinbek bei Hamburg

❑❑